POUR TOUS ET CONTRE TOUS

OU

LES RÉVOLUTIONNAIRES

SANS LE SAVOIR

PARIS

IMPRIMERIE DE L. TINTERLIN ET Ce,

RUE NEUVE-DES-BONS-ENFANTS, 3.

POUR TOUS ET CONTRE TOUS

OU LES

RÉVOLUTIONNAIRES

SANS LE SAVOIR

Les révolutions sont faites par ceux-là mêmes
qui les redoutent le plus.

PARIS

E. DENTU, LIBRAIRE-ÉDITEUR

PALAIS-ROYAL, 13, GALERIE D'ORLÉANS

—

1861

POUR TOUS ET CONTRE TOUS

Les révolutions sont faites par ceux qui les redoutent le plus.

Le développement succinct de cette vérité si méconnue et pourtant si évidente pour tout observateur allant au fond des choses est le but de cet écrit. Puissent les quelques pages qui vont suivre ouvrir les yeux à tant d'aveugles volontaires qui se perdent! Puissent ces aveugles se réformer plutôt que de se laisser châtier ! Puissent enfin tous les enfants de cette antique terre de France, abjurant tout esprit de parti, de coterie ou de caste, se réunir dans l'amour de leur patrie et assurer ainsi à jamais son repos, sa prospérité et sa grandeur !

I.

Ceux qui se disent les honnêtes gens en veulent beaucoup à ceux qu'ils appellent les révolutionnaires. Et moi aussi je suis honnête homme, je m'en flatte du moins, et j'ai certainement autant à perdre que pas un qui crie ou tremble si fort : si cependant je me laissais aller à la colère, c'est contre les honnêtes gens et non contre les révolutionnaires que je m'emporterais.

Pourquoi? Parce que si une famille va mal ce n'est point aux enfants qu'il faut d'abord s'en prendre, mais au père qui les a élevés. De même, quand une nation *court aux abîmes* ce n'est point le peuple qu'il faut incriminer, mais bien les chefs qui ont fait ce peuple et qui auraient dû le gouverner de manière à n'avoir rien à en redouter.

Or, quels sont les chefs naturels d'une nation ? Les nobles et les prêtres, ce me semble. J'ai passé ma vie parmi eux. Ce sont en général de très-braves gens à qui je ne veux que du bien assurément; mais je suis forcé de le déclarer, ces nobles, en général aussi, ne sont pas des nobles, et ces prêtres ne sont pas des prêtres. Voilà le grand mal de notre temps, et qui seul fait toute la force des révolutionnaires. Voulez-vous les rendre à jamais impuissants, nobles et prêtres qui fulminez ou qui tremblez ? Soyez des nobles, soyez des prêtres.

II.

C'est peine perdue de vouloir remontrer au clergé le scandale de sa conduite dans ces dernières années; il le nie ou il ne le comprend pas. Il s'est fait d'ailleurs des intérêts contraires à l'esprit des premiers temps de l'Église, et discuter contre des intérêts évidents, bien ou mal entendus, c'est se donner le plus souvent le tort de paraître inconvenant ou cruel. Les vrais chrétiens ne vivant que de Dieu, étant par conséquent sans passions et sans convoitises terrestres, sont d'un bon sens imperturbable et d'un désintéressement absolu, qualités essentielles pour le gouvernement des âmes, surtout aux époques de profonde corruption; tandis que les prêtres ou religieux de nos jours, méconnaissant la doctrine des apôtres qui a transformé le monde il y a dix-huit siècles et le sauverait encore, se sont faits simplement gens d'affaires, et en ont pris toutes les passions étroites, cupides et jalouses. Voilà pourquoi ils ont perdu toute influence sérieuse sur la société, car il faut être au-dessus des choses pour en juger et les diriger, c'est-à-dire avoir l'esprit de Dieu, qui est un esprit de vérité, de charité, de dévouement, et n'avoir que du mépris pour les intrigues de la terre ; or le clergé actuel ne l'a plus cet esprit, pour son malheur et celui du monde.

Comment en serait-il autrement? On entre aujourd'hui au séminaire comme on entre à l'école polytechnique ou militaire, à celle des arts et métiers ou des forêts, pour avoir une position sociale. Une fois dans les ordres, on y parle d'*avancement* et d'honneurs comme dans les états purement mondains. On se coudoie dans le sanctuaire, on s'agite et on cabale pour arriver aux premiers rangs, et si l'on n'obtient pas celui dont on s'est jugé digne, si l'évêque auquel on avait cependant juré d'obéir publie quelque mandement ou ordonnance qui contrarie, on se répand aussitôt en invectives contre lui et contre son *omnipotence usurpée.* On le chansonne, on le dénigre, on le calomnie, on colporte contre lui de prétendues pétitions au Saint-Siége, qui ne sont le plus souvent que des libelles diffamatoires où l'odieux le dispute au ridicule le plus puéril. Au fond, pourquoi toutes ces tempêtes ! C'est qu'on pense qu'une fois l'autorité épiscopale amoindrie, déconsidérée, anéantie, celle de Rome étant trop loin pour voir, juger et censurer, chaque curé deviendra lui-même le seul et vrai pape de sa paroisse. Oui, mais après tant de scandales donnés, il peut compter qu'il y parlera et commandera dans le désert, les hommes, en général, croyant aux exemples plutôt qu'aux leçons.

Le clergé a cependant la foi, littéralement parlant, mais, de l'aveu d'un évêque, prédicateur célèbre que je m'abtiens de citer, il n'en fait pas les œuvres parce qu'il manque essentiellement de lumières, de charité et d'humilité. Aussi, malgré tout le mouvement qu'il se donne pour faire croire encore à la vie

qui n'est plus en lui, toutes ses entreprises sont-elles, sauf celles
en trop petit nombre qui ont l'assistance des pauvres pour objet,
frappées de la plus désolante stérilité. Il fait pour faire, il har-
cèle et fatigue les plus fermes croyants par des demandes d'argent à temps et à contre-temps , surtout pour lui ou son
influence. Il parle, discute et provoque beaucoup, mais tout
absorbé par ses brigues, ses querelles intestines et ses débats
qui vont jusqu'à la révolte contre ses chefs, il ne prêche presque plus l'Évangile et il pratique encore moins le peu qu'il en
prêche. A proprement parler même il n'y a plus de clergé. Il y
a sans doute de bons prêtres répandus partout, comme il y a
encore de rares gentilshommes ; mais de même que la noblesse
n'existe plus comme corps et institution, de même en est-il à
peu près du clergé. Le corps qui porte encore ce nom n'est plus
qu'une sorte de magistrature religieuse, fonctionnant tant bien
que mal sous le bon plaisir du pouvoir civil, et pouvant être
brisée au premier conflit, au moindre choc. Ce corps enfin,
comme la plupart des grands noms du passé, ressemble à un
homme frappé par la foudre. De loin, cet homme paraît
exister encore, approchez et touchez, ce n'est plus qu'un mon-
ceau de cendres (1).

III.

Un de nos premiers publicistes à qui je communiquais l'ar-
ticle qui précède, m'ayant objecté que je semblais y avoir deux

(1) Écrit à la fin de 1856 et remis au Pape en avril 1857.

poids et deux mesures en me montrant très-sévère contre l'insubordination des prêtres, et en me taisant sur la hauteur avec laquelle les évêques usent de leur autorité : « Je ferai à votre objection, qui est plus spécieuse que réelle, lui répliquai-je, la même réponse que j'ai constamment faite aux ecclésiastiques nombreux que j'ai entendus se plaindre de leur administration diocésaine : Où prend-on vos évêques? Ils sont choisis parmi les plus remarquables d'entre vous. Si, comme vous le leur reprochez, ils sont durs, impérieux, rhéteurs et bureaucrates, au lieu d'être évêques et pères ; si ces reproches, que j'adoucis encore, sont fondés, que faut-il conclure alors? que la masse du clergé n'a certes pas la vraie vocation religieuse. Or, c'est une vérité reconnue aussi dans tous les états, et spécialement dans le sacerdoce, qui est un ministère tout divin plutôt qu'une fonction, que celui qui n'a pas su obéir, se dévouer et souffrir avec patience, ne saura jamais non plus commander aux autres avec modération et courtoisie. »

Tel clergé donc, tels évêques.

IV.

Ma famille a perdu plus de domaines et a versé autant de sang pour la religion et la monarchie qu'aucune des grandes races qui ont illustré la Vendée, et bien que tant de nobles sacrifices soient la plupart demeurés dans l'oubli, n'importe, je suis resté fidèle à la foi chrétienne ; je l'ai toujours pratiquée sévèrement et en silence, et je saurais, si elle était sérieusement attaquée, la défendre contre tous les édits des pouvoirs de la terre, ou mourir pour elle comme mes aïeux. Mais je ne me crois pas pour cela obligé de suivre dans toutes ses palinodies un clergé sans dignité, et je n'irai pas me faire colporteur ou signataire de pétitions pour des intérêts ou des passions qui n'ont rien de religieux.

On a dit que les légitimistes n'avaient rien appris ni rien oublié. On se trompe assurément, au moins dans cette seconde imputation ; car ceux des légitimistes qui se font les champions du pouvoir temporel du Pape oublient l'histoire d'hier. Est-ce que la Papauté a jamais connu d'autre légitimité que la sienne? Ne remontons pas plus haut que 1830. On vit alors le duc d'Orléans dérober la couronne héréditaire de soixante-dix rois sur le berceau d'un enfant innocent des fautes de Charles X. Le clergé prit-il la défense de l'orphelin dépouillé? Non. Il laissa fort tranquillement partir pour l'exil trois générations de rois et il resta dans ses palais épiscopaux et ses presbytères. Le Pape consulté dit qu'on pouvait, en conscience, servir l'usurpateur, et toute l'Europe le reconnut, quoiqu'il n'eût pour lui ni la sanction de l'hérédité, ni celle de l'élection populaire.

La logique des faits est inexorable, a écrit l'Empereur au Pape, le 31 décembre dernier, et le domaine de la Papauté est attaqué aujourd'hui de toutes parts. Pourquoi ce domaine serait-il, en effet, plus sacré que ceux de tous les autres souverains que les Papes ont abandonnés tour à tour, pour ne pas compromettre le leur ? Il n'y a pas deux décalogues, un pour la Papauté et un autre contre les rois.

Ah ! il y a quelque chose de plus triste que ces contradictions ; c'est la persuasion où sont tous les gens sérieux , même les plus croyants, que le clergé s'inquiète au fond très-peu de la religion dont il abaisse sans cesse la grandeur *au niveau de sa bassesse* (1), et qu'il n'a de vrais soucis que pour des biens tout mondains. Supposons, en effet, que l'Empereur pût changer de politique en Italie et rétablir par la force l'autorité pontificale dans les Romagnes, on verrait alors le clergé et tous

_____

(1) Expression dont s'est servi un évêque célèbre, pour stygmatiser trois de ses prédécesseurs.

les chrétiens d'oripeaux qu'il traîne à sa suite faire taire leurs colères intéressées et proclamer dans toutes les chaires et par toutes les voix de la renommée que Napoléon est le plus grand de tous les empereurs qui aient jamais régné sur le monde.

Que Dieu décide donc lui-même du sort de celui qui le représente sur cette terre, je me soumettrai à sa volonté, quelle qu'elle soit, et ma foi demeurera au-dessus de toutes les vicissitudes humaines. Mais je n'ai plus aucune confiance dans la direction toute politique, personnelle et même vénale du clergé actuel. Les prêtres disent qu'il faudrait ôter la noblesse à presque tous les nobles, ceux-ci ne pourraient-ils pas leur répliquer qu'il faudrait ôter le sacerdoce à presque tous les prêtres?

Mars 1860.

V.

Ce sont nos propres fautes qui nous perdent bien plus que les attaques de nos ennemis. Quand le Pape conserverait tous ses États, le catholicisme, déjà si compromis par tant de passions qui s'agitent en son sein, n'en serait pas moins dans le plus grand danger de succomber très-prochainement, à moins qu'il ne se retrempe, sans délai, dans l'esprit des premiers temps de l'Église.

Comment le christianisme s'est-il propagé dans le monde? Par l'amour. Quand les païens à qui le nom même de charité était inconnu, rencontraient des chrétiens réunis : Voyez comme ils s'aiment, se disaient-ils saisis d'admiration, et ils se convertissaient.

Maintenant, au contraire, les chrétiens venant de faire ou d'entendre un sermon ou une confession, ou bien encore sortant à peine de la messe où ils ont communié avec leurs frères, ces chrétiens dégénérés, pleins d'orgueil et de fiel, sont durs les uns pour les autres et se déchirent sans pitié. Voyez comme ils se détestent ! s'écrie le païen ou l'incrédule de nos jours, et sourd désormais à leurs vides enseignements il s'éloigne d'eux avec dégoût.

VI.

Ceux qui disent que j'aime faire bande à part se trompent singulièrement. Quand on a du cœur et de l'intelligence, et ceux qui me jugent veulent bien m'en accorder, on ne choisit pas, d'ordinaire, l'isolement par goût, c'est une nécessité qu'on subit. Mais comment un homme saisi d'admiration et transporté d'amour pour la grandeur, la dignité et la charité du christianisme et qui cherche à y conformer sa vie, ne serait-il pas isolé au milieu de tous ces faux chrétiens qui le dénaturent, le ruinent ou le dégradent au service des plus ambitieuses comme des plus basses passions ?

Ils ont signé et fait signer des protestations de dévouement au Saint-Siége, il y a six mois, et qui ont abouti comme chacun sait. Le Pape, trompé par ces milliers de signatures à grand fracas, ne serait-il pas en droit maintenant, s'il n'était un père plein de mansuétude, d'adresser à tous ces bruyants agitateurs les plus vifs reproches, que d'autres du reste ne leur ont pas épargnés déjà, sur leur inconséquence inexplicable, pour ne pas la qualifier plus énergiquement. « Eh quoi! pourrait leur dire le Saint-Père, vous aviez déjà prêché la croisade avant que nous vous fissions nous-même appel ; vous nous aviez promis ou fait espérer de nombreuses armées, et deux ou trois cents héroïques jeunes gens, dont la plupart adolescents n'étaient pas encore sortis du giron de leurs mères, voilà tous les défenseurs que vous nous avez envoyés ! De l'argent et surtout votre sang vous ont été demandés, c'est votre encre seule que vous avez prodiguée ! »

Ah ! quand le Pape a compté sur leurs paroles et leurs promesses, qu'il connaissait mal tous ces hommes vains, égoïstes et sensuels. Pour eux le christianisme n'est pas ce qu'il est en réalité, l'amour de Dieu et du prochain, c'est une religion toute de tumulte et d'apparat, un instrument de règne et de domination : c'est encore une machine de guerre pour ou contre les rois, suivant qu'ils obéissent ou qu'ils résistent aux exigences qu'on leur pose.— A part les petits, qui n'ont pas de convictions par eux-mêmes et qui ne peuvent que suivre, sans comprendre, l'exemple des grands, combien peu de vrais chrétiens parmi tous ces pompeux signataires d'adresses au Saint-Siége ! Combien peu qui n'aient agi que dans un but purement religieux et sans aucune arrière-pensée d'opposition politique ! A entendre cependant tous ces chrétiens exclusifs et dont beaucoup ne sont remarquables que par les scandales qu'ils donnent, eux seuls entendent quelque chose au bien de l'Église, eux seuls en sont les fils les plus dévoués. Combien pourtant qui ne communient jamais au banquet du Sauveur et qui n'ont donc pas la vie en eux, ainsi que l'a prononcé lui-même Celui dont ils se disent les disciples et dont ils ne le sont réellement que de nom ? Combien enfin dont toute la religion consiste à haïr tous ceux qui leur font obstacle et principalement l'Empereur Napoléon! Ah! si comme ils l'espéraient, quand ils embouchaient la trompette guerrière, le gouvernement avait commis la faute de leur fermer les portes de la France, ils se seraient tous levés comme un seul homme pour les franchir; mais comme elles sont restées toujours ouvertes, tous ces chrétiens si fervents qui, au fond, s'aimaient beaucoup plus qu'ils n'aiment Dieu, la Religion et le Pape, sont aussi demeurés très-prudemment chez eux.

Jeunes hommes qui avez cru que le pouvoir temporel était nécessaire à l'Église et qui, mettant vos actes d'accord avec vos croyances, avez glorieusement succombé pour elles à Spolette, à Lorette et à Castelfidardo ; si j'avais pu partager votre enthousiasme, j'aurais aussi partagé votre sort ! Combien, en effet, il me serait plus doux de mourir, comme vous, pour ma foi, au milieu de mes frères, que de traîner une vie triste, indignée, solitaire, parmi tous ces chrétiens de parade, se servant de la religion comme d'un masque, mais n'ayant nulle conviction, nul amour au cœur ! Chères et malheureuses victimes d'un monde sans entrailles, braves soldats, nobles martyrs ! je n'ai point fait de bruit autour de vos tombes, mais j'ai mêlé des larmes bien sincères à votre sang ! En allant le répandre loin de la France et pour une cause perdue d'avance, vous avez cru servir la religion, peut-être même, hélas ! votre patrie, et vous êtes tombés... écrasés par votre inutile et impuissant dévouement ! Vous avez à jamais brisé le cœur de vos mères ; vous avez rempli de deuil l'âme non seulement de vos familles, mais celles encore de tous les hommes généreux. Qu'ils se consolent ! car vous aviez une foi à laquelle, dans la mort comme dans la vie, vous avez été fidèles ; gloire à vous, vous êtes des martyrs ! Oui, gloire à vous ! et si la religion était un jour menacée, comme vous alors je signerais, de mon sang, pour elle ; et si je ne pouvais voir son triomphe, comme vous encore, je saurais m'ensevelir dans son drapeau !

Mais quant à tous ces hommes d'intrigues dont l'égoïsme cynique et les implacables rancunes sacrifieraient le monde entier à leur soif insatiable de dominer ; quant à tous ces hypocrites, à tous ces incapables, justement chassés du pouvoir qu'ils voudraient escalader ou plutôt escamoter encore, au prix même de l'existence de leurs amis ; quant à tous ces charlatans de boudoir, de Bourse ou de sacristie, toujours en avant quand il s'agit d'argent, de titres et d'honneurs, toujours en arrière quand il y a des dangers à courir, bourreaux de toutes les causes qu'ils n'embrassent que pour les perdre, malheur à eux ! Oui, malheur à eux si le peuple, déjà désabusé par leurs dangereuses menées et tous leurs brusques revirements, s'aperçoit enfin qu'inhabiles à le bien gouverner ils ne le sont point à troubler lâchement son repos ! Honte, quoiqu'il arrive, à ces hommes sans pitié et sans pudeur qui, selon les besoins de leur intérêt ou de leurs haines, prêchant aujourd'hui à la fois contre les rois et les Papes, et demain pour les rois contre les Papes ou pour les Papes contre les rois, mêlant le faux au vrai, le sacré au profane, ont sans cesse la religion à la bouche, tout en prouvant, par leur conduite, qu'ils ne l'ont en rien dans le cœur.

Quand donc tous ces chrétiens de parti se rendront-ils justice et comprendront-ils que pour gouverner les nations, il faut d'abord avoir foi en un principe, et qu'au lieu de l'exploiter, il fant être prêt à lui tout sacrifier, même sa fortune et sa vie. Or, croient-ils à ce qu'ils disent ces hommes, surtout ceux qui sont à la tête de la fusion orléaniste, qui proclament que le pouvoir temporel est tellement essentiel à l'Église qu'avec lui croulera infailliblement la religion elle-même ainsi que l'ordre social tout entier, et qui après avoir donné leur signature et deux ou trois pièces d'or ou d'argent au Saint-Père, se regardent quittes de leur devoir et de leur conscience, se croisent tranquillement les bras, et bornent toute leur action à provoquer sans fruit aucun les adversaires de leur cause et à rendre avec ostentation les derniers devoirs à leurs amis misérablement abandonnés, sans s'apercevoir que si justes et si méritées que soient, hélas ! pour les morts, toutes ces oraisons funèbres prononcées dans la plupart de nos cathédrales, ces éloges n'en sont pas moins la critique la plus sanglante de ceux des survivants qui, après avoir conseillé la croisade aux nobles victimes dont ils honorent la mémoire, n'ont eu pourtant le courage ni de les suivre ni de les imiter ! — Ils ont laissé tomber leurs rois, ils laissent tomber le Pape, ils laisseraient tomber encore tout ce que le monde révère, leur religion, leur patrie, le drapeau de leur choix, pourvu qu'il ne leur tombe à eux-mêmes aucun cheveu de la tête, qu'ils ne soient troublés dans aucune de leurs jouissances et qu'ils continuent en paix de se pavaner d'honneurs et de titres stériles dans leurs châteaux ou leurs palais !

Voilà pourquoi j'ai refusé de signer pour le pouvoir temporel du Pape, car pour moi, signer, c'était combattre, et pour qui, grand Dieu ? pour des partis religieux et politiques qui n'ont pas mon estime, et par qui la religion que j'aime plus que la vie serait déjà depuis longtemps perdue, si elle pouvait l'être jamais. Signer, c'était donc mourir peut-être pour des hommes avec qui un chrétien digne de ce nom est toujours seul, ce n'eût point été mourir pour ma foi !

Ne sont-ce pas, en effet, les fautes sans nombre de ces hommes dont je parle qui ont suscité la tempête actuelle contre l'Église et son chef vénéré ? Parce que, dans beaucoup de pays, le peuple lassé de leur ambition, de leur cupidité, de leur arrogance ou de leur orgueil leur a retiré sa confiance et ne veut plus tolérer leur joug, de nouveaux prophètes fort peu désintéressés des choses d'ici-bas prédisent journellement à l'univers les plus affreuses catastrophes et des calamités plus grandes que toutes celles dont il est fait mention dans l'histoire depuis l'origine des siècles jusqu'à nos jours. — Mais si le Pape devenu roi et le clergé riche et puissant ont ainsi laissé la société moderne courir à sa perte ou du moins n'ont pu l'en empêcher, est-il étonnant qu'il y ait des chrétiens sérieux et sincères qui, se rappelant que le Christianisme a été propagé par des apôtres si pauvres qu'ils n'avaient où reposer leurs têtes, pensent, sans pour cela mériter d'être mis à l'index comme des impies, que le salut de l'Église fondée par ces apôtres presque tous martyrs, serait beaucoup moins peut-être dans le maintien de son pouvoir temporel que dans son retour à la simplicité des premiers temps ? ou plutôt est-il déraisonnable de croire que c'est Dieu lui-même qui saura, par les événements qui s'apprêtent, forcer les prêtres à n'être que des prêtres et les chrétiens dégénérés qui ne le sont plus que par des formes extérieures à redevenir chrétiens ?

Alors on parlera un peu moins dans les chaires de la politique qui divise et irrite les esprits et un peu plus de la religion qui les rapproche et les calme. On ne s'entretiendra plus de cette dernière comme passe-temps dans les salons, dans les cafés ou entre deux pièces de théâtre, parce que l'on comprendra que le christianisme étant, avant tout, une religion d'union et d'amour et non de scandales et de disputes, ce n'est que par des œuvres de charité qu'on le pratique et non par de vains et médisants discours. Au lieu de se haïr, on s'aimera enfin dans l'Église comme l'a voulu et comme en a donné l'exemple le divin Rédempteur des hommes en mourant pour eux sur la croix, et si cette religion si douce et si pure, si cette religion sainte et bénie était un jour attaquée par des ennemis imprévus, ce ne serait pas seulement, comme à Lorette, une phalange de quelques centaines de braves et pieux volontaires qui se lèverait pour elle, c'est par millions qu'elle compterait ses défenseurs !

VII.

§ 1er.

Pendant la guerre d'Orient, il n'était pas possible de passer le seuil d'une église sans entendre tonner contre l'empereur Nicolas, que les prédicateurs appelaient l'antechrist, et sans avoir les oreilles assourdies des plus plates comme des plus emphatiques apothéoses de l'Empereur Napoléon. C'était le bon temps du clergé. Il se tait aujourd'hui sur le souverain dont il attendait tant naguère, et dont il n'est mécontent que parce qu'il n'en a pas tout obtenu. Il se dédommage cependant de la contrainte qu'il s'impose en chargeant d'imprécations les plus terribles les *flibustiers* Garibaldi, Mazzini, Victor-Emmanuel et *autres bandits* d'au delà des Monts. Mais de N. S. Jésus-Christ, de ses enseignements et de sa morale, pas un mot dans toutes les chaires ; le clergé a bien autre chose en tête que de s'en occuper ! Est-ce que même la religion existe pour lui, sans le pouvoir temporel ?

§. 2.

Voulant éviter l'agitation dans le vide, je fuis en ce moment tous les disputeurs. Je ne vois donc personne ou à peu près pendant la semaine, et je vais le dimanche à la messe pour me trouver en paix avec des chrétiens. Hélas ! le premier pasteur de mon diocèse n'entend pas ainsi le bon ordre, et il faut que de temps à autre j'écoute la lecture non d'homélies qui m'édifient, mais de pamphlets violents qui me troublent. Hier encore mon évêque m'a rappelé au prône, pour m'effrayer sans doute ce mot fameux de Proud'hon : « la propriété, c'est le vol, » que je n'avais pas encore entendu citer dans une église quoiqu'il fût loin d'être nouveau pour moi.

La propriété c'est le vol ! mon Dieu ! je le sais depuis 1793, car je suis d'un pays où l'on a égorgé assez de familles, pour vendre leurs plus belles fermes au prix modique d'une paire de bœufs et où l'on a donné bon nombre de riches abbayes pour la coupe des bois d'un seul champ.

Beaucoup des nouveaux et heureux propriétaires trônent maintenant dans ces biens ainsi qu'au banc d'œuvres de leurs paroisses, et signent pour le pouvoir temporel des deux mains. Je le crois bien, le clergé leur dit assez qu'ils signent pour leur chose ou plutôt pour leur *latrocinium* (1). Eh ! messieurs, vous

---

(1) Mot employé par l'évêque de Rh.... pour célébrer les exploits de Victor-Emmanuel et de ses lieutenants.

disent les Italiens, pourquoi ne voulez-vous donc pas que nous fassions en Italie ce que vous avez fait en France déjà? L'Église a ratifié vos rapines, elle ratifiera aussi les nôtres, surtout, si, plus généreux que vous ne le fûtes, nous lui laissons encore quelques dignités et quelques biens.

Ce n'est donc pas la souveraineté sur deux ou trois provinces, mais le caractère sacré dont il est revêtu, qui rend le Pape indépendant. Cette souveraineté pour laquelle on s'agite et on se passionne ; pour laquelle on fausse l'esprit du christianisme au profit d'abus devenus intolérables ; cette souveraineté a été de tout temps contestée et a nui peut-être au développement de l'Église beaucoup plus qu'elle ne lui a servi. C'est en effet depuis l'époque où les Papes se sont entourés d'une cour fastueuse plus occupée d'intrigues politiques que des intérêts de la religion, c'est précisément depuis cette époque, l'histoire est là pour l'attester, que l'influence de la Papauté, partout autrefois si prépondérante, partout aussi a décliné.

La puissance du successeur de saint Pierre est cependant au-dessus de toutes les puissances. Elle a toujours droit aux hommages de l'univers. Mais ne l'oubliez pas, vous qui la rabaissez au rang d'un périssable empire, puisque le Souverain-Pontife n'est pas le roi reconnu de tous les rois de la terre, il ne peut en être le chef ou le maître que par la foi des peuples, et cette foi, c'est vous qui pour des intérêts éphémères, oui c'est vous-mêmes qui l'ébranlez !

19 Novembre.

VIII.

Tous les burgraves de la fusion orléaniste qui ne peuvent pardonner à l'Empereur de l'avoir jugée, quand il n'était que président de la république, comme... ils auraient voulu qu'il fût ; tous ces oracles sans échos dont les prédictions ne sont sûres qu'en ce qu'elles tournent toujours contre eux, tous ces généraux sans soldats, si fort exaspérés de voir Garibaldi suivi par une nation tout entière, croient qu'il suffit de l'appeler flibustier ou pirate pour se venger de lui et le paralyser. Cet homme qu'ils mettent si bas a eu au moins un mérite rare à cette époque de scepticisme et d'affaissement moral, celui de s'affirmer et de prouver à l'Europe ébahie ce que peut une forte conviction, jointe à un grand caractère. Si ce *flibustier* ou ce *pirate* avait été monarchique et envoyé à l'assemblée constituante de 1848, où sur 900 membres il n'y avait pas 200 républicains, il se fût certainement fait tuer mille fois ou traîner à la Seine plutôt que de proclamer contre sa conscience la république à 25 fr. par jour.

Quand Dieu vous a donné la puissance et que, par toutes vos fautes, elle n'a abouti, en vos mains, qu'à vous faire jeter non pas à l'eau, comme vous paraissiez le craindre, mais à la porte, ce dont vous aviez la naïveté de ne pas vous douter, vous devriez avoir la pudeur de votre défaite et ne pas sortir de votre retraite forcée pour insulter ceux que vos propres défaillances ont suscités. Non, qu'ils deviennent les bienfaiteurs des peuples, comme ils s'en flattent, ou qu'ils en soient les fléaux comme vous le publiez, non, vous n'avez pas le droit de les outrager, car ils sont votre œuvre.

Vous avez eu le gouvernement avant eux, c'était à vous, au lieu de les rendre nécessaires par toutes vos divisions insensées, de les réduire à l'impuissance pour le mal en les devançant dans le bien. Mais vous avez donné à l'Europe le spectacle de votre égoïsme, de votre incapacité, de votre imprévoyance, laissez donc les peuples suivre désormais d'autres guides, puisque vous n'avez su que perdre et trahir lâchement leurs anciens maîtres et les vôtres, et compromettre ainsi, à votre propre dire, le sort du monde tout entier.

IX.

Il y a des gens qui ont la simplicité de s'étonner de la promptitude avec laquelle tombent les Bourbons, d'Orléans, de Naples ou d'Espagne, souvent en trois jours, en peu d'heures même quelquefois. On oublie qu'il y a déjà près d'un siècle, après le règne honteux de Louis XV, que Frédéric avait successivement appelé Cotillon I, Cotillon II, Cotillon III, qu'on a dit de la maison de Bourbon qu'elle était tombée en enfance. On oublie encore cet autre mot de Napoléon, qu'il n'y a chez les Bourbons d'hommes que parmi les femmes. — Ces jugements ont été cependant trop exclusifs et trop sévères, car plus d'un prince de cette dynastie étaient nés avec assez de talents pour sauver et illustrer le trône, s'ils avaient trouvé autour d'eux d'autres appuis que de vieilles coquettes des deux sexes et des enfants. Or le monde veut être désormais gouverné par des hommes, et les fils des croisés ont trop oublié que le christianisme qui fait des saints pour le ciel peut seul aussi, dans la transformation sociale qui se prépare, faire de grands hommes pour la terre et dignes de lui commander.

Les gentilshommes, qui auraient dû demeurer à la tête du peuple, comme ce beau nom de gentilhomme si mal compris et souvent si mal porté leur en faisait une loi, ont eu, en outre, le tort immense de s'abaisser à l'état de parti et d'un parti plein de divisions et universellement reconnu pour être le plus léger, le plus égoïste et le plus indiscipliné de tous.

Ah! quand je pense au mal que ce parti, qui se dit religieux,

monarchique et national et où les serviteurs sont plus que le
maître ; quand je pense à tout le mal que ce parti, puisqu'il
veut en être un, a fait à la religion, à la royauté, à la France,
mon âme indignée flotte d'abord entre la colère et le dédain.
Pour qu'elle se contienne et demeure bienveillante, il faut
promptement rappeler à ma mémoire ce touchant pardon des-
cendu de la croix du Sauveur du monde et qui doit être celui de
tout chrétien généreux : « Ils ne savent ce qu'ils font ! » Il faut
me rappeler encore combien de plus grands et de plus justes
que moi ont souffert, et combien aussi de saintes et nobles
causes ont été ruinées dans le passé ou le seront dans l'avenir,
par des enfants.

Oui, c'est par des hommes devenus enfants, par leur mollesse
héréditaire, par leur vanité incurable et leur ignorance plus
incurable encore des besoins de leur temps, que la cause des rois
a été perdue ; et c'est parce que d'autres enfants sans science ni
vertu ni savoir vivre, ont été imprudemment introduits dans le
sanctuaire déserté par les classes supérieures et éclairées, que
l'autorité spirituelle du Pape est aujourd'hui si compromise
et que la barque de son pouvoir temporel sombrera.

X.

§ 1er.

Un esprit sérieux supporte quelquefois la plaisanterie par
courtoisie ou nécessité de position, mais il est rare qu'il n'en

souffre secrètement. Le plaisant prend, en effet, sous forme légère, qu'il le veuille ou non, sur celui qu'il plaisante une sorte de supériorité qui blesse ou déplaît presque toujours. Si la noblesse de France est détestée ou méprisée suivant qu'on la juge de bas en haut, ou de haut en bas, c'est qu'elle manque trop souvent de bienveillance, de mesure et de gravité. Or, les hommes et surtout les Français, qui sont vains, pardonnent souvent une offense, mais une humiliation jamais. Les chrétiens seuls sont capables de cet héroïsme et, malgré tout le bruit qu'on fait pour le domaine temporel du Pape, il y en a bien peu de nos jours.

§ 2.

Les nobles, s'ennuyant de l'isolement dans lequel ils vivent du reste de la nation, ont eu l'idée déplorable d'élever leurs enfants en camarades, pensant les engager ainsi à rester avec eux, pour les distraire de leur oisiveté et de leur ennui. Ils ne pouvaient plus mal calculer ; car une famille ne subsiste pas longtemps sans hiérarchie et surtout sans dignité. Or, quoi de plus dégradant, de plus éphémère et de plus dissolvant que cette camaraderie pédante, taquine et triviale de la plupart des nobles entre eux ? Et comment s'étonner ensuite de toutes ces divisions, de tous ces désordres qui éclatent journellement dans tant de familles de haut rang, et de tous ces procès scandaleux qui en sont la conséquence funeste ?

Le père doit être l'ami sans doute, mais l'ami protecteur et respecté encore plus qu'aimé de ses enfants. De cette noble amitié naît l'ordre, l'union et la paix. Mais si l'autorité paternelle dégénère en camaraderie, le mépris en surgit bientôt, puis la discorde, entraînant d'abord à sa suite la ruine de la famille et plus tard celle de l'État tout entier.

Les nobles sont-ils bien venus ensuite à se plaindre, comme il arrive trop souvent, de n'avoir pas les enfants qu'ils voudraient. Comme ceux-ci se modèlent en général sur les exemples qu'ils reçoivent dans leurs familles, les pères n'ont d'ordinaire aussi que les fils qu'ils méritent d'avoir.

Que ceux qui ont eu à se plaindre de la noblesse et qui sont animés contre elle, sachent donc seulement attendre. Ils seront, hélas ! trop vengés par les enfants mêmes qu'elle a élevés.

§ 3.

Il est à remarquer que ce sont presque toujours les hommes les moins dignes d'être à la tête d'une famille qui se croient les plus capables de gouverner une grande nation avec un parlement libre. Le gouvernement parlementaire est incontestablement celui qui exige le plus d'hommes sérieux, et la plupart de ceux qui préconisent ce système avec tant d'ardeur ne savent même pas le plus souvent commander et se faire respecter dans leurs propres maisons. Toute leur science d'État se borne d'ordinaire à des commérages de lieux communs sur les révolutions, mais ils ne se mettent nullement en peine de former des hommes vraiment hommes pour les opposer avec succès aux révolutionnaires contre lesquels ils ne cessent de déclamer. Quelle inconséquence et quelle dérision !

XI.

Quand Louis-Philippe, qui avait tout fait pour elle, fut détrôné par la bourgeoisie et partit pour l'exil, ah ! je vois, s'écria-t-il avec un dépit amer, je vois, mais trop tard, que la bourgeoisie n'a pas l'esprit de gouvernement. Non, sans doute, elle ne l'a pas ni ne l'aura jamais, parce qu'elle n'a que des qualités médiocres et qu'elle manque sur toutes choses de générosité et de grandeur. Elle est de plus d'une inconséquence que rien ne corrige.

Comment Louis-Philippe avait-il pu se faire un instant illusion sur l'esprit qui domine dans cette classe, lorsqu'après avoir conservé au roi de son choix, dans sa charte de 1830, la prérogative de créer des nobles, il l'avait vue, peu de mois après son triomphe, afin d'humilier et de dégrader traîtreusement la noblesse, s'empresser de voter cette loi sournoise et immorale qui permettait à tout escroc ou intrigant parvenu, d'usurper des titres effrontément?

Qu'ils étaient loin de s'attendre alors, tous ces hommes à courte vue qui, croyant avoir pris, pour leurs intérêts, toutes leurs sûretés dans l'avenir, se proclamaient, dans leur égoïsme, exclusivement conservateurs; qu'ils étaient loin de s'attendre que du sein même de ces masses qu'ils déchaînaient sans cesse contre la religion et la royauté, naîtrait un jour un pouvoir plus fort que le leur, qui ruinerait à jamais leur influence et rétablirait, malgré eux et sans eux, tout ce qu'ils avaient cru anéantir sans retour! Rien de plus conséquent pourtant, car le peuple, malgré toutes les excitations des moyennes classes, leur préfère encore la noblesse. Ce n'est point une assemblée populaire, mais bien une convention de bourgeois, ameutée par un prince avili, qui a condamné Louis XVI et fait périr, pour les dépouiller ensuite, les personnages les plus illustres sur l'échafaud. Pourquoi le peuple haïrait-il la noblesse puisqu'elle ne vient que de lui et qu'il ne dépend que de lui aussi d'y arriver par son courage dans la guerre et ses talents dans la paix? Le premier Montmorency, le premier roi même, n'était qu'un soldat sorti de ses rangs.

Est-ce que la noblesse se recrute ailleurs que dans le peuple directement, comme je viens le dire, ou le plus souvent dans la bourgeoisie, qui elle-même n'a pas d'autre source assurément? La bourgeoisie n'est même, à proprement parler, qu'une demi-noblesse, une noblesse restée en chemin, et c'est, hélas! cette position fausse et bâtarde qui la rend à la fois ennemie et du peuple qu'elle dédaigne et redoute, s'en regardant encore trop près, et des grands qu'elle jalouse et dont elle s'éloigne parce qu'elle n'a pas l'âme assez haute pour s'élever jusqu'à eux.

De bien courte durée sera donc tout pouvoir qui s'appuiera spécialement sur cette classe capricieuse, mobile et ingrate, toujours infatuée, malgré tant d'essais malheureux, de ces gouvernements parlementaires dont elle est le premier empêchement. La bourgeoisie, en effet, n'étant qu'un état intermédiaire et changeant entre le peuple et la noblesse, ne fondera jamais que des gouvernements de transition entre l'autocratie ou l'aristocratie et la démocratie pure. Les Bourbons de la branche aînée en 1830 et ceux de la branche cadette en 1848 ont appris à leurs dépens qu'une monarchie constitutionnelle avec une demi-aristocratie bourgoise pleine de passions et de besoins, était la plus grande des chimères. Dieu veuille que leur chute si rapide ne soit pas une leçon perdue pour leurs successeurs !

XII.

§ 1er.

Dans un pays comme la France où il n'existe pas d'aristocratie légale, la monarchie dite constitutionnelle ne peut engendrer que des haines et des dissensions. L'unité si nécessaire au gouvernement d'une grande nation y est impossible ; c'est une vérité incontestable que notre histoire, depuis 1789, démontre

assez. Je n'ai pourtant jamais pu exprimer cette opinion, qui me
paraît à moi si innocente, devant quelque législateur de clocher,
sans m'être attiré de près ou de loin une verte semonce. —
Qu'est-ce que cela veut dire pour qui sait comprendre? sinon
que dans la pensée secrète de ceux qui ont eu une fois les honneurs de la députation, un homme qui n'était la veille du jour
où vous l'avez nommé que votre égal et peut-être même votre
inférieur en mérite et en talents, devient votre supérieur ou
tout au moins votre pédagogue le lendemain. Cette singulière
prétention ne pourrait avoir de succès que dans les pays de
hiérarchie comme l'Angleterre, où l'élection ne fait communé-
ment que constater, sans la créer, la supériorité des élus au
parlement. Mais partout où l'égalité sociale et politique existe
en même temps qu'une royauté parlementaire, les importants
de ce système le perdront toujours infailliblement. La monarchie élective de la Pologne a succombé et entraîné dans sa
chute la nation elle-même parce que sa constitution mettait
trop souvent aux prises des nobles égaux entre eux et si, au
10 décembre 1848, époque où tout le monde redoutait l'anar-
chie, Louis Napoléon a été nommé président de la république
et l'a emporté sur le général Cavaignac malgré l'assemblée
constituante et les fonctionnaires du gouvernement, c'est que
le nom du premier candidat avait sur le peuple un prestige que
nul autre ne pouvait contrebalancer.

§ 2.

L'erreur des nobles de France, et par ce nom j'entends dési-
gner tous ceux qui, par leur fortune, sont à la tête de leur pro-
vince, qu'ils soient ou non décorés d'un titre ou d'une simple
particule ; leur erreur, dis-je, leur grande erreur et qui leur
coûtera cher, s'ils n'avisent, c'est de croire qu'il suffit de nos
jours, d'avoir 10 ou 12 fermes ou métairies, 30 même, si l'on
veut, de plus que son voisin, pour être un homme considérable

et marquant ! Les nobles donc, imbus de ce préjugé fâcheux et infatués d'eux-mêmes, se parquent au milieu de leurs domaines où ils se font une petite cour de subalternes qui les flattent ; habitués à un encens grossier, ils ne peuvent supporter aucune contradiction même la plus courtoise, et ils s'imaginent dans le cercle étroit où ils vivent, qu'en se révoltant contre toute idée qui n'est pas la leur, ils l'empêcheront de faire son chemin dans le monde. Loin de se mettre en mesure de diriger le mouvement qui emporte les sociétés modernes vers l'inconnu, ils se tiennent à l'écart dans leurs manoirs comme des divinités dans leurs pagodes, et ils passent leur temps à prévoir et à craindre stérilement des catastrophes qu'il ne font rien pour prévenir ou conjurer.

L'argent, quoi qu'on en dise, n'est pas tout. Ce n'est pas même un but pour un homme supérieur, ce n'est qu'un moyen. Que sont d'ailleurs nos misérables fortunes de 300 à 1500 hectares de terrain qui ne peuvent être qu'un avantage personnel. et relatif, en comparaison de ces terres immenses des seigneurs anglais, dont les moindres en étendue ont celle d'un canton de France ? Eh bien ! dans la Grande-Bretagne même, dont quelques meneurs des anciens partis voudraient encore nous importer le gouvernement, sans les conditions d'existence qu'il a chez nos voisins, dans la Grande-Bretagne même, où à l'inverse de l'esprit français, la liberté est beaucoup plus populaire que l'égalité, malgré les lois, malgré les mœurs qui la protégent, l'aristocratie est en danger. Là, comme dans tout le reste de l'Europe, les masses commencent à s'agiter et veulent entrer dans la vie politique. Elles prennent déjà part chez nous, depuis douze ans aux affaires de l'État, et il faut désormais pour leur imposer et leur commander autre chose qu'un sac d'écus ou un vain blason, il faut même plus qu'un emploi spécial, quelque brillant qu'il soit, il faut des talents généraux réels, du désintéressement, de la vertu, de la grandeur. Si le droit d'aînesse existait encore parmi nous, je comprendrais sans l'approuver, l'inertie des nobles. Mais avec le Code civil, qui morcellera et anéantira tous les patrimoines avant deux ou trois générations, comment tous ceux qui se piquent de quelque noblesse ne voient-ils pas que leur nullité politique et sociale, tout en les déconsidérant devant leurs contemporains, causera inévitablement la ruine de leurs maisons! Toutes, en effet, même les plus renommées par leur opulence et leurs dignités passées, finiront tôt ou tard dans la honte, la misère ou l'exil.

Oui tel sera leur sort si leurs chefs actuels veulent se modeler sur Louis XV, qui s'endormait en disant : « Berry s'en tirera comme il le pourra! » On sait comment le duc de Berry, devenu Louis XVI, s'en est tiré, pour n'avoir trouvé, à son avénement au trône, pour conseillers de sa jeunesse, que des gentilshommes dégénérés qui avaient pensé et agi, toute leur vie, comme son égoïste et voluptueux aïeul. Beaucoup ont expié leurs torts de leur sang, mais la mort violente de tant de personnages de haut rang, si glorieuse qu'elle ait été, n'a point empêché la plus antique et la plus illustre monarchie de l'Europe de tomber sous les coups des révolutionnaires de 1793, dont ils avaient eux-mêmes préparé, par leur insouciance et leurs vices, le triomphe sanglant.

Les nobles n'ont-ils pas assez de cette leçon? En veulent-ils de plus terribles encore? Qu'ils continuent alors de sommeiller et de consumer leur existence à faire à tous les pouvoirs une guerre puérile et ridicule à coups d'épingle. Pour moi, je ne les suivrai point dans cette voie ; je ne tiens pas à être chef de file parmi eux, mais je ne veux pas non plus du rôle d'un vulgaire mouton de Panurge à la traîne d'une coterie ou d'un parti.

Quant à ceux de mes amis qui, tout en se disant et se croyant pour la liberté parlementaire, m'ont menacé, sans convenance, de l'isolement parce que je différais d'opinion avec eux, qu'ils sachent d'abord que l'isolement n'a rien d'effrayant pour celui qui est en paix avec sa conscience et dont la vie a été constamment digne et pure ; qu'ils sachent aussi que, malgré tout le prix que j'attache à l'amitié, jamais je ne lui sacrifierai la vérité. Ferme dans mes convictions, je me respecte dans les personnes, et quand on me manque d'égards, l'émotion que j'en ressens dure peu, je secoue la poussière de mes pieds, ainsi que le conseille l'Évangile, et je change de maison et même de pays. —

Menacer un homme, dont le cœur autrefois méconnu et outragé, s'est à jamais fermé à toutes les passions qui agitent la terre pour n'avoir plus que Dieu pour confident de ses pensées, pour consolateur et pour appui ; menacer de la défaveur de quelques esprits frivoles, un homme de ce passé et de ce caractère, c'est menacer follement du rivage le vaisseau qui s'éloigne et déjà hors de la portée du trait ; c'est plus vain, plus insensé encore, c'est menacer un mort.

CONCLUSION.

Un homme fort et vertueux est libre sous tous les gouvernements. Mais une nation ne peut l'être que lorsqu'elle renferme dans son sein et principalement parmi les classes supérieures, un grand nombre de mâles et fiers caractères, mettant avant tout le bien et l'indépendance de leur patrie, et comptant leur intérêt propre pour rien. Or la preuve que les royautés parlementaires, telles qu'on les comprend de nos jours, n'engendrent pas de semblables caractères, c'est ce qui s'est passé, en 1848, chez nous. On vit alors une génération nouvelle, formée tout entière à l'école des prétendus patriotes de la Restauration et du règne de Louis-Philippe, arriver brusquement au pouvoir. Comment en usa-t-elle ? Elle acclama, par peur et contre ses convictions les plus manifestes, une république qu'elle détestait et à la durée de laquelle nul ne croyait. Est-ce que cette génération qui n'a montré ni volonté, ni désintéressement, ni courage, était digne de la liberté ?

Ne nous abusons donc pas : ce ne sont pas les institutions qui font les hommes, ce sont, au contraire, les hommes qui font les institutions. Si donc nous voulons êtres libres, commençons par former des hommes par une éducation probe et sévère, et rappelons-nous qu'en dehors de la saine religion et du vrai patriotisme, nous n'avons, malgré nos progrès merveilleux dans l'industrie et l'art de la guerre, que le choix entre les roués de la régence, les sophistes du bas empire, ou les esclaves de la décadence romaine.

Décembre 1860.

FIN.

9 782012 470811